UN VIEIL ARTICLE

DU LIEUTENANT-COLONEL

EMILE MAYER

(EMILE MANCEAU)

SUR LA GUERRE ACTUELLE

Extrait de la REVUE MILITAIRE SUISSE de juin 1915.

LAUSANNE

REVUE MILITAIRE SUISSE

1915

UN VIEIL ARTICLE SUR LA GUERRE ACTUELLE

UN VIEIL ARTICLE

DU LIEUTENANT-COLONEL

ÉMILE MAYER

(EMILE MANCEAU)

SUR LA GUERRE ACTUELLE

Extrait de la REVUE MILITAIRE SUISSE de juin 1915.

LAUSANNE

REVUE MILITAIRE SUISSE

1915

DU MÊME AUTEUR :

ESSAIS DE PSYCHOLOGIE MILITAIRE

Armées étrangères (Librairie Eugène Fasquelle, 1900.)
Notre armée. (Librairie Eugène Fasquelle, 1901.)

EDUCATION CIVIQUE ET MILITAIRE

Code-manuel du soldat-citoyen, couronné par l'Académie des Sciences morales et politiques. (Epuisé.)

Manuels d'instruction militaire. (Librairie Armand Colin.)

Jeu des honneurs militaires. (Librairie Armand Colin.)

Tableaux muraux d'instruction militaire (Librairie Armand Colin) : 1. Fanions et lanternes. — 2. Brassards. — 3. Honneurs dus aux décorations. — 4. Décorations militaires. — 5. Décorations françaises.— 6. Honneurs dus aux corps constitués, aux fonctionnaires, etc. — 7. Code de justice militaire.

L'outillage d'une armée. (Librairie Lecène & Oudin.) En collaboration avec M. Georges Bethuys.

La nouvelle loi militaire mise sous forme de *Répertoire pratique* (Librairie Chapelot). En collaboration avec M. Gabriel Nony (1913).

Revue d'art militaire. (Librairie des *Deux-Revues*.)

INFANTERIE

Cours des Ecoles de tir. (Librairie Baudouin.) Tome I : Cours théorique. — Tome II : Armement et Feux de guerre.

Etudes sur l'armement réglementaire de l'infanterie. (Librairie Baudouin.)

Eléments d'administration d'une compagnie. (Librairie Baudouin.)

ARTILLERIE

Conférences sur l'artillerie de campagne. (Libr. Berger-Levrault.)

Petit manuel de l'officier de réserve. (Librairie Dumaine.)

Petit cours spécial. (Librairie Dumaine.) 3e édition.

Eléments d'administration d'une batterie. (Librairie Dumaine.) 4e édition.

Petite bibliothèque de l'instructeur (Librairie Berger-Levrault) : 1. Notions sommaires d'artillerie (2e édition).— 2. Instructions intérieures. — 3. Instruction à pied. — 4. Instruction d'artillerie.—5. Instruction de conduite des voitures.

Manuels d'artillerie de campagne (Librairie Charles-Lavauzelle) : 1. Sous-officier (6e édition). — 2. Trompette (3e édition). — 3. Ordonnance (2e édition). — 4. Artificier. — 5. Servant. — 6. Conducteur.

Un vieil article.

Nos lecteurs trouveront sans doute tout naturel que nous remettions sous leurs yeux les passages essentiels d'une étude destinée à déterminer la physionomie qu'aurait la prochaine grande guerre européenne, étude qui a paru ici même il y a treize ans, en mai 1902, mais qui a pu n'être pas bien comprise alors, parce qu'elle ne correspondait pas à la tournure des esprits et aux préoccupations ambiantes. Aujourd'hui, elle peut revendiquer le bénéfice de l'actualité. Aussi le TEMPS *l'a-t-il exhumée dans son numéro du 7 avril dernier, en la commentant, et il en a donné de nombreux extraits, mais en faisant erreur sur l'identité de l'auteur.*

Celui-ci est le lieutenant-colonel d'artillerie E. Mayer, mobilisé depuis le début de la guerre, et qui, après avoir commandé deux groupes de 75 sur le front, est actuellement à la tête d'un des secteurs du camp retranché de Paris.

Attaché depuis trente-quatre ans à la rédaction de la BIBLIO-THÈQUE UNIVERSELLE *sous le pseudonyme d'*ABEL VEUGLAIRE, *cet officier est devenu notre collaborateur en 1898, sous ce pseudonyme d'abord, puis sous celui d'Emile Manceau. C'est lui qui a créé notre « Chronique française » et qui, ayant conservé cette rubrique jusqu'août dernier, époque de son rappel sous les drapeaux, s'y est fait remarquer parfois par la sévérité de certains de ses jugements et par l'audace de certaines de ses propositions.*

Quelques-unes des idées qu'il s'est faites sont en opposition flagrante, en effet, avec les dogmes de l'orthodoxie officielle, avec les enseignements de l'Ecole supérieure de guerre et du Centre des hautes études militaires, avec la doctrine admise par l'état-major général de l'armée, tant en France qu'à l'étranger.

Aussi n'est-il pas étonnant qu'elles n'aient été accueillies ni par le général Joffre, son condisciple du Lycée Charlemagne, ni par le général Foch, son camarade de promotion à l'Ecole polytechnique, bien que l'un et l'autre soient restés en relations assez suivies et assez intimes avec lui.

Etant un autodidacte, et voyant qu'un maître qui fait autorité en art militaire ne partageait pas ses convictions, notre collaborateur a longtemps hésité à publier celles-ci. Il ne les a fait connaître qu'avec timidité et sous une forme vague dans un article de la Bibliothèque universelle *sur l'*Evolution de la tactique *(février 1891), où il examinait les modifications que devaient apporter à l'art militaire la rapidité du tir des armes et l'absence de fumée de la poudre. Ecrivant pour ce qu'on appelle le grand public, et retenu par le sentiment de son isolement au milieu du monde militaire, dont les conceptions différaient radicalement des siennes, il s'en tenait à des vues générales ; mais déjà il se prononçait nettement contre les vertus que les théoriciens de l'époque attribuaient exclusivement à l'offensive.* « N'ajoutons pas foi, écrivait-il, à ceux qui prétendent que l'offensive n'a rien perdu de sa valeur. » *Il affirmait que la défensive* « n'est pas, comme on l'a dit, une attitude dont toute la force réside dans des avantages purement négatifs. Elle a une vertu propre. »

Il prévoyait qu'on ne livrerait plus de batailles sur les terrains découverts que la tactique recherchait jusqu'alors, mais que désormais les armées chemineraient « tortueusement dans les pays coupés, transportant en pleine campagne les pratiques de la guerre des rues. »

Il ajoutait que, sans doute, ces aperçus sommaires manquaient de la précision désirable ; mais que l'expérience leur donnerait leur pleine signification. Il pensait d'ailleurs que, sans plus attendre, on devait se préparer aux nouvelles méthodes de guerre « par une réorganisation générale de l'armée, par une répartition différente des armes combattantes, par une refonte complète de l'outillage, par une radicale transformation des moyens de commandement usités jusqu'à ce jour », *toutes questions auxquelles il a consacré de nombreux articles dans les journaux et les revues.*

Il terminait par cet avertissement :

Sachons nous contenter de ces indications vagues. Interrogée sur les secrets troublants de l'avenir, la sibylle n'a pu proférer que d'inintelligibles paroles ; mais ces lambeaux sont pleins de menaces. On sent que quelque chose de terrible se prépare, et on sait, hélas ! qu'on ne trouvera le mot de l'énigme que dans le sang de nombreuses victimes humaines.

Comme il fallait s'y attendre, l'article passa inaperçu ; mais l'auteur ne se laissa pas rebuter par l'indifférence du public. Ses méditations constantes sur les procédés de combat nouveaux et les conséquences de leur mise en œuvre confirmèrent ses convictions, et, de plus en plus, il chercha à répandre celles-ci. Aussi revint-il à la charge dans la Bibliothèque universelle *d'avril* 1902 (Le combat dans la guerre moderne).

Mais, comme il tenait surtout à faire pénétrer ses idées dans les milieux militaires qu'il y sentait plus hostiles que jamais, il chercha un organe technique qui voulût bien lui permettre de les exposer. Il savait qu'il n'en trouverait en France aucun qui y fût disposé. Et c'est ainsi qu'il fut amené à s'adresser à la Revue militaire suisse, *plus indépendante en matière d'art militaire et qu'il savait n'être inféodée à aucun parti.*

Par surcroît de précautions, d'ailleurs, il s'avisa d'un subterfuge.

Le général de Négrier venait de publier dans la Revue des Deux-Mondes *des propositions que les gens du métier n'avaient pu voir se produire sans éprouver quelque stupeur. Ils n'osaient traiter de schismatiques et considérer comme négligeables les opinions d'un homme de guerre qui avait fait ses preuves et qui méritait d'être écouté. Ils opposaient pourtant leur science à son expérience, et les théories de l'école aux méditations personnelles qui l'avaient amené à des conclusions contraires. Mais ils étaient forcés de mettre une certaine réserve dans leur hostilité.*

Cette circonstance permit à notre collaborateur de produire ses propres propositions en les mettant en quelque sorte sous le couvert du général. Il associa ses conceptions révolutionnaires à celles que celui-ci avait eu le courage de publier, et c'est ainsi qu'il intitula son article : « Quelques idées françaises sur la guerre de

L'AVENIR », *se donnant comme n'étant que le porte-parole des novateurs pusillanimes.*

Rappelant que l'armée française continuait « à proclamer la supériorité de l'offensive et à compter sur l'action morale de la charge à la baïonnette », il disait :

A côté de cette doctrine, qui est officiellement professée, il en est une autre qui commence à se faire jour. A des procédés d . guerre nouveaux, on songe à opposer des formations nouvelles, dût-on sacrifier les anciens dogmes.

Après cette entrée en matière, il décrivait le mode d'attaquer préconisé par le général de Négrier, et qui est surtout caractérisé par la suppression des réserves, les troupes étant disposées sur plusieurs lignes distantes d'une lieue les unes des autres, pour que les coups destinés à la première ne risquent pas d'atteindre les suivantes. La répartition des forces étant ainsi faite, tout le dispositif est lancé en avant, par un mouvement d'ensemble, de façon à produire l'effet de vagues successives qui viennent ou se briser contre le même rocher ou l'ébranler et le ronger. L'élément de tête entame l'attaque ; les autres renouvellent cette attaque, au lieu de faire comme les réserves, qui ne font que l'appuyer.

Tout en reproduisant ce tableau, le lieutenant-colonel Mayer ne cachait pas qu'il croyait peu, qu'il croyait de moins en moins, à la possibilité de batailles, dans les guerres à venir, avec des armées également bien dirigées. Il considérait comme improbable que l'attaque pût se renouveler si elle se trouvait en face d'un adversaire tenu sur la défensive. L'élément de tête lancé en avant et venant s'y heurter risque de se trouver arrêté net dans sa course. Et c'est ainsi que la guerre de tranchées se substitue par la force des choses à la guerre de campagne, celle-ci étant appelée, après quelques expériences sanglantes, à n'être plus employée. La manœuvre, qui caractérise la bataille, cesse d'être possible.

Telle est la thèse essentielle du « vieil article » que nous reproduisons ci-après dans ses parties essentielles. Il va de soi que nous en donnons le texte exact, nous contentant de couper des passages qui font longueur et que nous résumerons.

Reprenons le développement que l'auteur imagine dans le processus du combat :

Maintenant que les deux fronts de combat sont à peu près parallèles et qu'ils se fusillent ou se canonnent mutuellement, il se produira, dans l'un des deux partis, en certains points, des défaillances don' l'adversaire devra profiter dès qu'il s'en sera aperçu. (Elles pourront être provoquées par des obus-torpilles, par des projectiles tombant de ballons dirigeables, par des opérations de nuit, par des moyens nouveaux et inédits, produisant cette surprise effarée que cause l'inconnu.)

A ce moment, le premier qui constatera le silence et l'immobilité d'un tronçon de la chaîne adverse, s'il n'attribue pas cette attitude à une feinte, se précipitera en avant suivi de ses camarades s'il est simple soldat, de sa troupe s'il est gradé, les autres gradés poussant au besoin les tirailleurs si ceux-ci sont tentés de se cramponner à leur abri et ne se soucient pas de s'exposer à tomber dans une embuscade. Car le répit observé, l'espèce de trêve et de détente qui s'est produite, peut-être leur cause est-elle dans le manque de munitions, peut-être dans la lassitude, dans cette sorte d'engourdissement qui envahit à la longue les soldats les mieux trempés, lorsque leur système nerveux a été trop longtemps tendu et lorsqu'ils finissent par s'abandonner. Peut-être l'ennemi est-il décimé et découragé. Mais peut-être aussi, las d'une mousqueterie sans résultat, s'est-il tu uniquement pour inciter ses adversaires à se découvrir.

Quoi qu'il en soit, ceux-ci finissent par être entraînés par l'exemple et l'appel des plus audacieux, aiguillonnés par les officiers restés en serre-files et qui les excitent. Ils sortent de leurs abris par un bond rapide, ils se rapprochent du point muet, et ils vont même jusqu'à l'occuper... s'ils ne sont pas tués avant.

— Mais s'y maintiendront-ils ? — C'est douteux. Pour peu qu'ils aient affaire à un ennemi qui ne soit pas lâche et qui ait été élevé dans les idées nouvelles de la défensive à outrance, auquel on ait enseigné, par conséquent, qu'il ne faut jamais se laisser déloger du poste qu'on occupe, ou qu'on doit le reprendre si, par malchance, on en a été dépossédé, dans de telles conditions, dis-je, la position en pointe que l'agresseur aura conquise sera bien vite intenable. Isolé au milieu de la ligne de bataille adverse, dans laquelle il aura pénétré comme un coin. cet agresseur sera en butte aux coups de ses voisins de droite et de gauche, ainsi qu'aux coups qu'il recevra de face. L'infanterie et l'artillerie feront converger presque automatiquement leurs feux sur lui, et, avant que d'être installé, il risquera d'être anéanti.

En vain objectera-t-on que nos miliciens actuels ne présentent pas un moral bien solide et qu'une panique est à craindre de leur part. Assurément, c'est possible, car tout est possible. Mais telle est la puissance de l'armement existant qu'il suffit d'une poignée de bons tireurs qui ne se laissent pas entraîner par l'affollement, qu'il suffit d'une pièce à tir rapide pour écraser tout un paquet d'hommes.

On est donc en droit de supposer que les échecs se localiseront et même que les trous faits par un adversaire entreprenant dans la ligne de bataille se boucheront d'eux-mêmes, comme se bouchaient les trous faits par les boulets dans les rangs, du temps de la tactique linéaire. Le dressage du commandement et de la troupe devra avoir en vue d'obtenir ce résultat.

Certes, l'histoire montre que, en forçant un point d'une ligne, on peut déterminer toute la ligne à reculer ; on l'a vu. par exemple, lorsque les mobiles bretons ont abandonné la position de la Tuilerie, à la bataille du Mans. Mais, de deux choses, l'une : ou l'armée dans laquelle on a fait brèche n'a aucune valeur, et alors elle est condamnée à s'écrouler ; ou bien elle a une certaine force de résistance, elle est consciente de son devoir, elle a l'intelligence de sa situation, et alors, si un mouvement rétrograde se dessine par suite d'une circonstance quelconque, — ordre mal transmis, démoralisation partielle, manque de munitions (je reviens à cette cause, car c'est une de celles qu'il faut le plus redouter, le réapprovisionnement en cartouches devenant impossible sous le feu), — l'armée viendra occuper, à quelques centaines de mètres en arrière, une position de repli que le commandement aura fait non seulement étudier, mais encore préparer par les troupes non engagées. En ce cas, toute la ligne se déplacera, ou bien on isolera la position envahie par une coupure comme celles que pratiquait l'ancienne poliorcétique pour séparer du corps de place un bastion battu en brèche et près de subir l'assaut.

Les comparaisons avec la guerre de siège, je le disais tout à l'heure, s'imposent à quiconque étudie cette conception nouvelle de l'art militaire. On voit l'assaillant cheminer, tracer ses parallèles et les étendre, en cherchant à envelopper le front choisi pour l'attaque.

Il y a pourtant des différences, et qui sont considérables. Le défenseur cerné dans une place épuise ses ressources ; il n'est plus en communication avec le commandement général des armées, ni en relation avec ses sources de ravitaillement. Les lignes qui se font face sont incurvées en arc de cercle et non droites. Il est donc dans une situation d'infériorité manifeste.

Dans l'hypothèse que nous venons d'envisager, au contraire, s'il y a égalité dans l'armement, dans les effectifs et dans la valeur morale des troupes en présence, il est évident qu'il y a égalité aussi dans leur condition tactique. Il cesse bientôt d'y avoir un parti qui attaque, un autre qui est attaqué. Les deux ennemis ne tardent pas à se trouver logés, en quelque sorte, à la même enseigne. Ils s'immobilisent comme les troupes qui défendent un camp retranché et celles qui concourent à son investissement. A l'extérieur de la circonvallation, certains corps tiennent la campagne et manœuvrent. A l'intérieur de la ceinture des forts, et sous leur canon, des troupes de sortie peuvent de déplacer et tenter des coups de mains. Mais la garnison des forts et les détachements qui gardent les ouvrages de contrevallation restent inutilisés et sont comme neutralisés.

C'est là le caractère qu'il faut attribuer à la bataille défensive de l'avenir. On se la représente comme mettant face à face deux murailles humaines presque en contact, séparées seulement par l'épaisseur du péril, et cette double muraille va rester presque inerte malgré la volonté d'avancer qu'on a de part et d'autre, malgré les tentatives qu'on fait pour y réussir.

L'une de ces lignes cherchera, ne pouvant réussir de front, à déborder l'autre. Celle-ci, à son tour, prolongera son front, et ce sera un concours à qui s'étendra le plus, dans la mesure où son effectif le lui permettra. Ou, du moins, les choses se passeraient ainsi si on pouvait se développer indéfiniment. Mais la nature présente des obstacles. La ligne s'arrêtera à un point d'appui, à une mer, à une montagne, à la frontière d'une nation neutre.

A partir de ce moment, il n'y a pour ainsi dire pas de raison pour que la lutte finisse, du moins de ce côté. C'est ailleurs, c'est en dehors de ce champ de bataille (où on ne se bat pas !) qu'on cherchera la victoire, et on la cherchera par des manœuvres tactiques analogues à celles des troupes de sortie dont nous parlions tout à l'heure, lorsque nous envisagions ce qui se passe dans un camp retranché.

La double chaîne d'hommes qui se font face n'absorbe pas la totalité des effectifs. Outre qu'elle n'est pas continue, qu'elle est à claire-voie et, par conséquent, plus comparable à une grille qu'à une muraille, elle n'a pas besoin d'avoir une grande densité, tant la puissance de l'armement supplée au nombre. A la vérité, il me semble que, en insistant sur cette vertu du matériel nouveau et sur l'inutilité d'employer beaucoup de monde à une bataille défensive, on perd un peu trop de vue la durée même de cette bataille. On prédit qu'elle se prolongera pendant plusieurs jours de suite, comme ces interminables engagements amorphes et indécis qui ont donné à la guerre de Sécession d'Amérique une physionomie si curieuse. Et peut-être, en effet, en sera-t-il ainsi. Mais alors les mêmes combattants ne pourront soutenir un pareil effort : il faudra les relever ; il faudra les ravitailler ; il faudra enlever les morts et les blessés. Toutes ces opérations, qui ne peuvent guère s'effectuer qu'à la faveur des ténèbres, exigent des réserves. Il faut du monde aussi pour préparer les positions de repli. Il en faut encore pour parer à tout événement.

Néanmoins, on peut admettre qu'il restera un certain excédent disponible, et c'est lui que, par un détour, le parti le plus entreprenant jettera sur les lignes de communication de son adversaire de façon à inquiéter ses derrières, à troubler la sérénité du commandement, à lui inspirer des résolutions maladroites.

En résumé, la guerre de l'avenir se présente sous la forme d'« un combat défensif, — défensif de part et d'autre, s'entend, —

qui traînera péniblement avec des alternatives de succès très localisés *et de revers très partiels. sans que* rien de décisif *puisse résulter de cet engagement d'un caractère purement passif. Les forces disponibles, elles, agiront de leur mieux, le plus loin qu'elles pourront du théâtre de cet engagement, et elles tâcheront d'ébranler par leur hardiesse le moral du commandement.* »

Dès lors, peut-on tenter de petites expéditions isolées, des pointes audacieuses accomplies par des détachements du genre de celles que préconisait, entre autres écrivains militaires, le général Langlois, et qui ont été fort à la mode il y a douze ou quinze ans ? Notre collaborateur le niait. « *Je vois bien, disait-il,* deux armées immobilisées l'une en face de l'autre, se regardant fixement, les yeux dans les yeux ; *je vois aussi des troupes disponibles en arrière ; mais ce que je n'arrive pas à concevoir, ce sont ces raids qui s'effectuent inopinément, comme si, par l'effet d'une grâce magique, la puissance des feux s'émoussait sur eux.* »

Puis il entrait dans la discussion, en montrant combien était inadmissible le postulat duquel dérivait cette conception, combien la réalisation en était impossible. Il était alors amené à expliquer une fois de plus le caractère qu'il attribuait à la guerre de l'avenir. « Il n'y aura plus un parti qui attaque et un autre qui se défend. *Il en est des armées qui sont aux prises comme des lutteurs qui se battent. Suivant leur science et leur tempérament, ils sont plus disposés à porter des coups ou à parer ; mais ils essaient constamment et de parer les coups qui leur sont destinés et de profiter des occasions qui se présentent pour en décocher à leur adversaire. Nos deux armées se tiennent, l'une et l'autre, sur la défensive. Mais, si elles le peuvent, si, par suite de la disproportion des forces, elles disposent d'un excédent de troupes, elles s'en serviront pour chercher le point faible de l'ennemi, et il est permis de supposer qu'elles le trouveront.* »

Et l'article de mai 1902 se terminait par cette conclusion :

Ne nous payons pas de mots et ayons le courage de dire (il en faut !) que, si nous avons affaire à un adversaire trop bon tireur et trop calme pour se laisser aborder sur son front à l'arme blanche, il ne se laissera pas davantage aborder sur son flanc, à moins qu'il n'entende rien à son devoir ou que des circonstances particulières ne l'empêchent d'en remplir les obligations, ce qui arrivera notamment s'il est numériquement le plus faible, ou si la configuration du terrain lui est défavorable, ou si l'hostilité des habitants contrecarre ses projets, ou s'il est mal renseigné et trahi, car il est exposé alors à voir échouer les raids qu'il tentera, tandis que ceux qui seront dirigés contre lui réussiront. Mais, d'une façon générale, j'estime que les petits détachements remporteront difficilement des succès et que ceux qu'ils remporteront auront une importance à la fois faible et très localisée.

En d'autres termes, je crois que, de part et d'autre, on demeurera dans cette inaction haletante, inquiète et toujours attentive, dans laquelle vivent les garnisons investies et les troupes d'investissement dont je parlais tout à l'heure. Elles resteraient indéfiniment dans leurs positions respectives si, d'un côté, les opérations de la guerre de campagne n'entraînaient pas la levée du blocus ; ou si, de l'autre, la diminution des vivres ne contraignait pas les assiégés à se rendre.

C'est donc à des circonstances extérieures que sera due la fin de la guerre purement défensive de l'avenir. Par exemple, on se trouvera contraint, par l'état des finances ou par la politique, à demander la paix ou à l'accepter, même sans avoir remporté des avantages marqués, sans avoir subi des défaites décisives. Qu'on songe à ce que coûte par jour aux Anglais la guerre du Transvaal, et qu'on suppute la dépense qu'accasionnerait l'entretien d'effectifs triples, quadruples, quintuples. Le crédit des Etats s'épuise vite ; les trésors de guerre se vident ; d'autre part, toutes les familles seront en deuil et inquiètes ; plus que jamais elles souffriront dans leurs affections immédiates. Elles se lasseront de voir les armées piétiner sans avancer, mais non sans subir des pertes douloureuses. Et c'est cela qui mettra fin à la campagne, plutôt que de grandes victoires du genre de celles d'autrefois.

Ne nous imaginons pourtant pas que les combats cesseront d'être sanglants. On dépensera encore du sang, beaucoup de sang, et non pas seulement de l'argent. Il faudra encore de la prévoyance, du calme, de la hardiesse et même de l'esprit d'offensive jusque dans la défensive. Plus que jamais la troupe, le commandement, la population, auront à déployer d'énergie. Plus que jamais le savoir professionnel sera nécessaire au chef et à la troupe. Et il faut se préparer avec un redoublement d'ardeur aux pires éventualités. Mais il n'est pas douteux que la physionomie des batailles se trouvera métamorphosée.

Lieutenant-colonel E. MAYER.

(Emile Manceau.)